Las Cuatro Perlas

y

Las Cuatro Ardillas

Una fábula moderna sobre

la felicidad y distracciones

LISSA COFFEY

Las cuatro perlas y las cuatro ardillas: Una fábula
moderna sobre la felicidad y las distracciones

ISBN: 978-883212-30-8

Para los buscadores, y para las gemas - una y las mismas!

Índice

Prólogo

El concepto de tener un mentor se remonta a la antigüedad. La palabra «mentor» en realidad proviene del personaje Mentor en el libro *Odisea*, de Homero. En el libro, la diosa Atenea toma la apariencia de Mentor para guiar un joven Telémaco a través de cierta dificultad.

Mentorías se pueden encontrar en muchas tradiciones, incluyendo a los gurús en hinduismo y budismo y los ancianos en el judaísmo y cristianismo. Hoy mentores se han vuelto populares para ayudar a los recién llegados a navegar por el mundo de los negocios. *Big Brothers Big Sisters of America* es una organización sin fines de lucro que provee tutoría individual a los niños necesitados. En cualquier caso, la relación es una en la que una persona más experimentada o bien informada ayuda a guiar a una persona con menos experiencia. Es una especie de asociación que proporciona apoyo y comunicación. Y magníficas ideas y crecimiento pueden ocurrir para ambas las partes involucradas.

En mi propia vida, he tenido el regalo de muchos mentores capaces e inspirados. Uno que se destaca fue Edgar Mitchell, quien fue uno de los astronautas de

Apolo 14 quien caminó en la luna y un héroe que enfrentó grandes aventuras en su carrera y su vida. Durante las décadas que le conocía, él fue un modelo de bondad, inteligencia y tenía una gran pasión por el bienestar de la humanidad. En particular, tenía un raro don de la curiosidad abierta, junto con un compromiso de rigor y discernimiento. Así como Mentor, quien ayudó a Telémaco en su camino de mayoridad, Edgar fue una fuente de gran inspiración en mi propia búsqueda de la verdad y la autenticidad.

En *Las cuatro perlas y las cuatro ardillas* el carácter de Merlinda actúa como una especie de mentor para las cuatro ardillas. Ella es buena y sabia y presenta con gracia una situación donde las cuatro ardillas pueden acceder a su fuerza interior y el conocimiento más alto que cada uno de ellos necesita para lograr sus objetivos. Edgar Mitchell fue este tipo de mentor para mí cuando yo hice mi camino en una carrera en las fronteras de la ciencia.

Para los afortunados que han tenido mentores, sabemos qué diferencia puede hacer tal orientación en nuestras vidas. Con este libro, la autora Lissa Coffey también ha asumido el papel de mentor en llevar esta sabiduría dulce, clara y profunda a sus lectores.

Hágase la misma pregunta que Merlinda preguntó a las ardillas: «¿Quieres ser feliz?» Le animo a leer *Las cuatro perlas y las cuatro ardillas,* y a tomar las perlas de sabiduría al corazón. Comparta con su familia, amigos y comunidad. Lleve estos principios con usted y vea cómo le ayudan a experimentar una mayor claridad, paz de la mente y, sí, felicidad. Después de todo, cuando se llega a esto, ¿no es lo que todos realmente queremos?

Marilyn Schlitz, Ph.D.

Autora, investigadora y oradora

Profesora y directora de los programas de Doctorado en Psicología Transpersonal en la Universidad de Sofia

Presidente Emérito y Miembro senior, Instituto de Ciencia Noética

Introducción

Una fábula es una historia corta con animales que reciben cualidades humanas, como la capacidad de hablar. Una fábula también podría incluir criaturas imaginarias, objetos inanimados o cosas que se encuentran en la naturaleza, cualquiera de los cuales puede tener las cualidades o habilidades de una persona. Una fábula pretende ilustrar una lección o una «moral» como parte de la historia.

Fábulas se encuentran en libros de todo el mundo. Muchos de nosotros recordamos haber escuchado las fábulas de Esopo que nos leyeron cuando estábamos en la escuela. La tradición de contar historias es lo que ayudó a fábulas a durar a largo de los años y se extendió por los continentes. Esopo vivió en Grecia en algún momento alrededor del año 550 A.C., y sus fábulas siguen siendo aplicables a situaciones en nuestras vidas hoy en día. Una persona que escribe fábulas se llama un fabulista, y además de Esopo, algunos fabulistas

famosos incluyen: Leonardo da Vinci, Hans Christian
Andersen, James Thurber, George Orwell, Dr. Seuss,
David Sedaris, y Guillermo del Toro.

Uno de mis libros favoritos cuando era niña era *Juan
Salvador Gaviota* de Richard Bach. Él tuvo un efecto
profundo en mí. Lo leí y lo volví a leer innumerables
veces. El libro, y el personaje de Juan, me inspiró y se
quedó conmigo todos estos años.

Las cuatro perlas de sabiduría son conceptos que me
han ayudado muchas veces, en muchas circunstancias
diferentes. Quería escribir un libro que explica estos
conceptos, y quería tener una forma de recordar los
conceptos. Pensando en Juan, decidí poner los
conceptos en forma de fábula. Y esta es mi primera.

En esta fábula, *Las cuatro perlas y las cuatro ardillas,*
nos encontramos primero con Merlinda, una bruja.
Merlinda es la tataranieta del Merlin del Rey Arturo. Ella
ha remodelado la antigua casa familiar en el bosque
usando consejos de bricolaje que aprendió de HGTV, y
sólo un poco de magia.

Las ardillas en la historia son ciertamente familiares,
pero pueden o no pueden estar relacionadas entre sí.
Como sabemos, este mundo global es cada vez más
pequeño. Y como eso sucede, nuestra familia se
expande para incluir muchos amigos que son como
familia para nosotros. Después de todo, nosotros
estamos todos conectados. Somos todos hermanos y

hermanas. Las ardillas no son también de una edad
cierta. Podían ser niños, o jóvenes adultos, padres cuyos
hijos han crecido y salido de casa, o jubilados. Depende
del lector imaginar.

****

Las cuatro perlas y las cuatro ardillas

Comienza la búsqueda del tesoro

No hace tanto tiempo, en un bosque no tan lejano, vivía a una sabia bruja llamada Merlinda. A Merlinda le encantaba vivir en el bosque, con la naturaleza a su alrededor. El aire fresco le permitía respirar libremente. La niebla silenciosa le ayudaba a resolver su mente. Los regalos abundantes de árboles le daban su refugio y alimento. Los animales del bosque proporcionaban compañía amistosa.

Como Merlinda era tan amable y cariñosa, los animales a menudo acudían a ella para pedir consejo. Ella estaba feliz de dar orientación, y amaba ser de servicio a sus compañeros. Entre sus amigos favoritos había cuatro ardillas, hermanos y hermanas, que se divertían y jugaban en el patio trasero de Merlinda. Esto era un gran entretenimiento para Merlinda, que reía de sus payasadas.

Un día, cuando Merlinda estaba ocupada en la cocina, ella se sorprendió por una gran conmoción en las afueras de su puerta. Ella abrió la puerta para ver lo que estaba pasando. Para su sorpresa, eran las cuatro ardillas, discutiendo y poniendo bastante mandón con los demás.

—Por favor, ¡pequeños! Merlinda dijo con la mayor paciencia. —¿Qué es lo que ha les exaltado de esta manera?

Las cuatro ardillas estaban agotadas y frustradas. Todos hablaban a la vez fuerte y rápidamente:

—¡Ella empezó!

—¡Él tomó mi bellota!

—¡Ellos están siendo malos para mí!

—¡Ella mordió mi oreja!

—¡Se escaparon de mí!

—¡No queda más!

—¡Lo hace otra vez!

Merlinda no podía distinguir una palabra de lo que decían, pero comprendía exactamente lo que estaba pasando. —Ahora, ahora, mis queridos. He escuchado lo suficiente. Vamos a llegar al fondo de esto. Sólo respondan una simple pregunta para mí, por favor.

Las ardillas soltaron soplos de ira y intercambiaron miradas hostiles entre sí. Pero se callaron mientras se preparaban, cada uno planeando secretamente cómo presentaría su caso.

La voz calmante de Merlinda cambió abruptamente el estado de ánimo. —¿Quieren ser felices? —preguntó ella con una sonrisa dulce.

Las ardillas miraban confundidas. No sabían cómo responder.

—Es una pregunta sencilla, queridas ardillas. Casi todo el mundo quiere ser feliz. Sólo estoy pidiendo si *ustedes* quieren ser felices. ¿Ustedes quieren? Pueden pensar en esto, si así lo desean.

—Bueno, sí, yo quiero ser feliz, por supuesto. —la primera ardilla elevó la voz. Él era el hermano mayor y en general comenzaba a hablar en primer lugar. —Yo no veo lo qué tiene esto que ver con nada!

—Ah, tiene que ver con todo, mi amigo. —Merlinda respondió con su habitual amabilidad.

—¡Quiero ser feliz también! —opinaran las otras ardillas. —¡Yo también! —¡Y yo!

—Pues bien, creo que están listos para encontrar las cuatro perlas. —Merlinda respondió nuevamente con confianza.

—¿Perlas? ¿Qué perlas? ¿Perlas en el bosque? ¿Qué es una perla? Las ardillas estaban confundidas una vez más, pero esta vez tenían curiosidad también.

—He ocultado cuatro perlas preciosas en el bosque. Una perla es la única piedra preciosa que crece en belleza de adentro hacia afuera. Es parecida a todos nosotros. Mientras aprendemos y crecemos, nuestra bondad y sabiduría brilla a través de nosotros. Merlinda miraba las pequeñas ardillas, que ahora estaban prestando mucha atención a cada palabra que ella decía. —Encuentren estas cuatro perlas y tráelas de vuelta a mí. Al hacerlo, se verán recompensados en gran medida.

Las ardillas comenzaron a retorcerse, como las ardillas suelen hacen, estaban tan emocionadas que difícilmente podían quedarse quietas. —¡Ok, ok, vamos a cazar! ¿Por dónde empezamos? ¿Cuánto tiempo tenemos?

—No existen reglas para este juego. Sólo tienen que buscar las perlas, y ver qué pasa. Merlinda los acompañó y las cuatro ardillas se arrastraran a toda prisa por entre los árboles en el bosque.

****

La primera perla

Las pequeñas ardillas se movían rápidamente, cubriendo mucho terreno, buscando perlas entre las hojas caídas y los mechones de hierba. No pasó mucho tiempo antes de que se distrajeran por las mariposas revoloteando y los pájaros cantando al cielo.

—Tengo hambre —dijo el más joven de las hermanas.

—Estoy cansado —dijo el hermanito.

—Esto es aburrido —dijo la hermana. —¿Por qué no puedo volar como la mariposa? Entonces yo pudría ver desde lo alto y tal vez podría encontrar una perla y ir directamente a ella! ¡Ojalá que tuviera alas!

—UF, ojalá que tuviera la voz de un pájaro. Entonces yo pudría llamar todos los otros animales podían ayudarme. ¡Me seguirían y encontrarían la perla para mí! —dijo la hermana pequeña.

Las ardillas miraron hacia el pájaro, que parecía reírse de ellas. —¡Ha, ha! —graznó el pájaro. —Estas criaturas tan tontas! ¡No están atornillados al suelo! Te he visto escalar el más alto de los árboles para obtener incluso la más pequeña nuez. Nunca ha necesitado ayuda de nadie. ¿Olvidas quiénes son?

—¡Espere! ¡Pájaro! ¿Estás diciendo que hay una perla en el árbol? ¿Has visto una? Las ardillas subieron por el árbol para acercarse al pájaro, pero el pájaro voló, como lo haría un pájaro con cuatro ardillas que le perseguían.

De las ramas más altas, las ardillas podrían mirar hacia abajo y ver gran parte del bosque. —Wow —exclamó la hermana pequeña. Puede ser que no tenga alas como la mariposa, pero sin duda puedo ver muy lejos de aquí. Me alegro que tengo mis garras afiladas para trepar el árbol!

—Y no puedo ser capaz de cantar, pero estoy tan contento de tener mi cola esponjosa para ayudarme a equilibrar. Veo un montón de nueces en estas ramas. Se parece a la hora del almuerzo para mí! —dijo el hermano pequeño.

Las cuatro ardillas comieron las nueces hasta que sus vientres estaban llenos, y luego se dirigieron hacia abajo del árbol.

El gran hermano ardilla hizo una pausa por un momento antes de reanudar la búsqueda. —Tú sabes, —dijo mientras dirigía a sus hermanos. —cuando era joven yo no podía trepar a los árboles como eso. Mis uñas eran demasiado suaves. Tuve que practicar, y seguir intentando antes de que la escalada fuera fácil para mí. Fue mucho trabajo, pero valió la pena. ¡Tenemos habilidades, ardillas! Sé que aún no hemos encontrado ninguna de las perlas de Merlinda, pero podemos hacerlo. Sólo tenemos que mirar lo que tenemos, y no lo que no tenemos.

Y con esa declaración, una perla perfecta y hermosa cayó del árbol y aterrizó en su pequeña mano de ardilla.

—¡Mira!. Mira! — las ardillas chillaban de placer. ¡Es una perla! ¡Una verdadera perla! ¡Debe haber salido cuando recogimos las nueces!

—Bien, ¿qué sabes? —el gran hermano sonrió. — ¡Vamos a buscar el resto! Y se dirigieron en su viaje una vez más.

****

La segunda perla

Mientras las ardillas buscaban las perlas que quedaban, se distrajeron una vez más. Esta vez fue por una tamia, recogiendo una gran pila de bellotas en un viejo tronco de árbol. Las ardillas se precipitaran para averiguar lo que estaba sucediendo. La tamia no prestó atención a las ardillas y se mantuvo en su tarea. Cuando él escuchó las ardillas susurrando entre sí, la tamia habló. —Estas son mis bellotas así no intenten nada gracioso! —gritó, sin perder un paso en ocultar su escondite.

—Pero ¿por qué? —dijo el hermanito. —Hay bellotas en todo este bosque. ¿Por qué usted necesita una pila en el tronco? Ni siquiera está cerca de invierno.

—Oh, muchacho, esto es lo que hago. Me gusta tener un depósito que pueda ir a cuando los necesito. Así siga su camino, no me molestes más. La tamia parecía molesta, por lo que las ardillas la dejaron sola con sus bellotas.

—Tal vez hagamos eso. —dijo la hermana. Quiero decir, ¿Merlinda no sería feliz si trajéramos a casa un manojo de nueces y semillas en lugar de una perla? ¡No se puede comer una perla después de todo!

—¡Eso es correcto! —dijo el hermano pequeño. —Me encantaría tener una gran pila de nueces y semillas que podría tener para comer en cualquier momento. ¡Esa tamia es inteligente! ¡Deberíamos hacer eso en su lugar!

Justo entonces su amigo el pájaro voló con hojas y ramitas en su pico. Las ardillas subieron corriendo por el árbol para saludarlo. ¿Qué estás haciendo, pájaro? ¡No puedes cantar con todas estas cosas en tu boca! —señaló la hermana pequeña, como si no lo supiera.

—Tienes razón, pequeña ardilla. El pájaro contestó con mucha paciencia. —Pero tengo un nido a hacer. Necesito un lugar para dormir por la noche, algún lugar que mi familia pueda dormir, también.

—Ooooh! Tal vez deberíamos hacerlo! —dijo el hermano mayor a sus hermanos. —Necesitamos un nido, también. ¿Y si queremos hacer una siesta aquí? El pequeño hermano estuvo de acuerdo. Sí, es un buen punto. ¡De hecho, me estoy volviendo soñoliento ahora mismo! Hagamos un nido como el pájaro.

—No, no, no. —dijo la hermanita. —Tenemos que recordar para qué estamos aquí. Si empezamos a apilar bellotas o construir nidos nunca encontraremos las perlas. No podemos distraernos con todas estas otras actividades. Nosotros cuatro ardillas estamos aquí para buscar las cuatro perlas. Ésa es nuestra tarea. Tenemos que ver lo que estamos haciendo, no lo que hacen los demás.

Y con esa audaz declaración, una perla preciosa redonda cayó directamente en las manos de la hermana pequeña. Las ardillas no podían creer lo que estaban viendo —Es tan bonita! Como puede ser esto? Debe de haber caído desde el pico del otro pájaro! —ellos especularon. Con renovado entusiasmo, se dirigieron a buscar a los otras dos perlas.

****

La tercera perla

Después de unas horas, y unas pocas millas más buscando alto y bajo por las dos perlas restantes, las cuatro ardillas comenzaban a perder la esperanza. —¿A dónde vamos ahora? —gimió el hermano pequeño—, hemos cubierto todo lo que hemos estado en el bosque.

—Eso es cierto —le dijo la hermana mayor al pequeño. —Pero eso no significa que no podamos ir más lejos.

—No sé sobre eso — dijo el hermano mayor. —No nos queremos perder.

—¡Podemos hacer un mapa! O podemos dejar un rastro de seguir hacia atrás. No hay ninguna razón para estar asustados—, dijo la hermana mayor muy optimista.

—Pero no sabemos cómo hacer un mapa. Y nunca he dejado un rastro antes—dijo el hermano pequeño, preocupado por no volver a casa si se aventuran demasiado lejos.

—Y además de eso, hay una corriente. ¿Cómo podemos cruzar el arroyo?—La Hermana pequeña intervino—. Ardillas no nadan.

—Has probado alguna vez? —la hermana mayor respondió. —Mira, puedes inventar todo tipo de excusas por las que no podemos ir más lejos. Pero siempre hay un camino. Podemos encontrar una rama para gatear, podemos saltar de roca a roca, podemos ayudarnos mutuamente a atravesar el arroyo.

—Pero ¿qué pasa si no podemos hacerlo? —el hermano mayor interrumpido. —¿Qué pasa si...?

—¿Y qué pasa si *podemos* hacerlo? —exclamó la hermana mayor. —¿Cuánto queremos estas perlas? ¿No vale la pena correr el riesgo? ¿No vale la pena estirar nuestras habilidades un poco? Sí, hay obstáculos delante de nosotros. Pero tal vez estos obstáculos son realmente oportunidades. Tenemos que ver las oportunidades, no los obstáculos.

Justo cuando esas palabras salían de su boca, una preciosa y luminosa perla cayó en la mano de la hermana mayor.

—¿Qué? ¿Otra vez? ¡Esto no puede ser una coincidencia! Las ardillas bailaban alrededor en celebración. —¡Tenemos tres perlas! ¡Tenemos tres perlas! ¡Sólo falta uno!

Envalentonados con coraje, las cuatro ardillas se dirigieron a la parte del bosque que nunca habían visitado antes.

****

La Cuarta Perla

Las ardillas estaban un poco sorprendidas al descubrir que esta parte del bosque, aunque desconocida para ellos, era muy parecida a la otra parte del bosque que les era familiar. No tenían problemas para navegar y tenían un montón de diversión explorando. Una vez más, pasaron por el proceso de dar vuelta a las hojas, arrastrándose a través del pincel, y mirando alto y bajo a través de los árboles para la última perla. Cada uno de ellos estaba muy involucrado en su búsqueda, cuando la hermana pequeña dejó salir un chillido. Las otras ardillas se precipitaron a su lado.

—¿La encontraste? ¿Dónde está? —preguntó la hermana mayor, recuperando el aliento.

—No encontré la perla. ¡Encontré algo mejor! —proclamó orgullosamente la pequeña hermana.

—¿Qué? ¿Qué podría ser mejor que una perla? —dijo el hermano pequeño perplejo.

—¡Es un diamante! —anunciaba la hermana pequeña mientras agitaba la mano frente a su tesoro como una modelo en un programa de televisión. Sus hermanos se detuvieron y miraron fijamente, sin saber qué hacer de esta cosa.

—Es un diamante. Como la roca que Merlinda lleva en su dedo. Es lo mismo, ¿ves? ¡Es brillante! La pequeña hermana hacía todo lo posible para convencerlos.

—Simplemente porque es brillante no significa que sea un diamante— dijo la hermana mayor con mucha sinceridad. —No se puede decir que algo es real sólo por lo que parece.

El hermano mayor echó un buen vistazo a la clara roca en cuestión. —Creo que es un diamante! Los diamantes son muy valiosos. Mucho más valiosos que una perla. Y creo que Merlinda estaría muy contenta si la trajéramos a casa—, él dijo.

—Merlinda nunca dijo nada acerca de un diamante. ¿Qué haría un diamante en el bosque de todos modos? Tal vez no lo quiera. ¡Pero lo quiero! —dijo la hermana pequeña tratando de contener su emoción.

—Si lo tomamos entonces no podemos buscar la otra perla, tendremos demasiado que llevar. Déjame ver si puedo recoger este diamante. —El hermano pequeño se acercó y extendió sus pequeños brazos de ardilla para levantar la roca brillante. Era pesado para él, y mientras luchaba con él, la piedra brillante resbaló de su agarre y cayó sobre una roca y se rompió.

—¡Mira! —,la hermana mayor siempre estaba feliz de señalar cuándo tenía razón. —Un verdadero diamante no se rompería así. Es sólo vidrio, un trozo de vidrio roto, no vale nada.

—¡Pero es tan bonita! —gimió la hermana pequeña.

—Podría conseguir esa pequeña pieza para ti —dijo el hermano pequeño, deseando hacer a su hermana feliz. Se inclinó para recoger un pedazo que se había roto. —Owwww! —él apartó su mano rápidamente.

—¿Estás bien? La hermana mayor tomó su pequeña mano en la suya y vio que tenía un corte.

La hermana pequeña se veía tan triste. —Oh, Hermano, lo siento mucho! Usted quería conseguir el pedazo de vidrio para mí; Si no lo quisiera, no te habría lastimado.

—Está bien —dijo el hermano mayor mientras consolaba a su hermana ardilla. —Es sólo un pequeño corte. Se curará. Nada dura para siempre.

—Eso no es exactamente cierto —dijo el hermano pequeño sacudiendo la cabeza. Mi corte se curará con seguridad. Y eso definitivamente no es un diamante *real*, pero incluso los diamantes no duran para siempre. Esta piedra o vidrio o lo que sea, incluso si era un diamante - es sólo una «cosa» y nos impide encontrar la perla. Pero hay algo que es real y verdadero y dura para siempre.

Las otras ardillas miraron a esta pequeña ardilla y vieron la fuerza y la sabiduría en sus ojos. —De acuerdo, díganos. Por favor díganos qué es lo que dura para siempre —le animaron.

—Es el amor El amor siempre está con nosotros. Sé que todos me aman, por eso no tuve miedo de profundizar en el bosque. Sé que los amo, por eso quiero ayudarles a conseguir lo que quieren. El hermano pequeño no paraba de hablar, incluso cuando la hermana pequeña casi lo derribó con un abrazo. —Tenemos que dejar de mirar lo que no importa, y en su lugar sólo prestar atención a lo que es importante, lo que importa.

Y con eso, la cuarta perla cayó en la mano del hermano pequeño, y su corte ya no dolía.

La hermana pequeña saltaba arriba y abajo. —¡Es como magia! —exclamó. —¡Hemos encontrado las cuatro perlas!

—Podemos celebrar cuando regresemos a casa de Merlinda. Será mejor que nos pongamos en marcha, ella se preguntará dónde estamos. El hermano mayor estaba siendo práctico, y sus hermanos estaban de acuerdo. Todos estaban ansiosos por mostrar sus tesoros a Merlinda. ¡Se sentían como si hubieran ganado el gran premio en este juego!

****

Llevándose a casa las perlas

Las cuatro ardillas prácticamente corrieron todo el camino de vuelta a Merlinda. Cuando llegaron a su casa, ella estaba allí esperando por ellos en la puerta principal. —¡Pasen, pasen! Te he estado esperando. — les saludó con una sonrisa amable y conocedora.

Las ardillas estaban tan emocionadas y orgullosas de sí mismas por entregar a Merlinda las cuatro perlas que ella había escondido. —Ah, veo que fueron capaces de encontrar a todos ellos. Muy bien, dulces ardillas. Ahora díganme acerca de ellas.

El hermano mayor comenzó, como de costumbre. Entregó su perla a Merlinda y cuando la tomó, la perla desapareció rápidamente. —¿Qué? ¿Qué sucedió? ¿A dónde se fue? El hermano mayor estaba confundido y molesto.

La calma de Merlinda tranquilizó a la ardilla. —La perla no se fue a ninguna parte, querido. Ves, estas son perlas de sabiduría. La sabiduría no está unida a ningún objeto. La sabiduría vive en tu mente y corazón. Una vez que lo tienes, es tuya para guardar siempre. No puedes perderla.

El hermano mayor soltó un profundo suspiro. — ¿Quieres decir que en realidad no buscábamos tesoros?

Merlinda frenó una risita. —Hija mía, sí, en verdad estabas buscando un tesoro. Y lo encontraste. La sabiduría es mucho más preciosa que cualquier joya. La sabiduría que obtienes en esta vida es parte de tu propósito aquí en la tierra. Usted está destinada a aprender y crecer y eso es exactamente lo que hiciste hoy. ¡A grandes pasos! Dime, hermano mayor, ¿qué lección has aprendido antes de que la perla cayera en tu poder?

El hermano mayor hizo una pausa y pensó en ello. —Lo recuerdo exactamente. Estábamos hablando de mariposas y pájaros. Cómo nos gustaría volar y cantar. Pero luego nos dimos cuenta de que realmente nos gusta ser ardillas. Nos dimos cuenta de lo mucho que tenemos y cómo estamos realmente agradecidos de ser ardillas. Dije: Tenemos que ver lo que tenemos, no lo que no tenemos. ¡Ahí es cuando recibí la perla!

—Sí, de hecho. Merlinda asintió con aprobación. — Muchas veces nos distraemos por lo externo, por cosas que pensamos que queremos, o que pensamos que nos harán felices. Pero lo que necesitamos recordar es que

ya tenemos todo lo que realmente necesitamos.
Cuando sentimos gratitud por todo lo que tenemos y
por lo que somos, sabemos que nunca nos falta nada en
absoluto. Este es un regalo más valioso que el oro, o
perlas, o cualquier cosa que el dinero pueda comprar.

—Ahora, entiendo que la pequeña hermana es
responsable de la próxima perla. ¿Puedo verla, querida?
Merlinda extendió la mano, y la pequeña hermana
ardilla dejó caer la perla en la palma de Melinda, donde
desapareció.

—¡Oh! ¡Esperaba poder quedar con ella! ¡Es tan
hermosa! —se lamentó la hermana pequeña.

—Ah, pero puedes quedártela. Es tuyo para siempre,
porque esa perla de sabiduría representa tu recién
descubierto conocimiento. ¿Qué aprendiste en tu viaje?
Merlinda se agachó para mirar a la hermana pequeña
muy de cerca, ojo a ojo.

—Aprendí ... bueno, aprendí que no podemos
distraernos con todas las cosas que los demás están
haciendo a nuestro alrededor. Tenemos nuestro propio
trabajo que hacer, y nuestras propias razones para estar
en cualquier lugar. Y yo dije: 'Tenemos que mirar lo que
estamos haciendo, no lo que nadie más está haciendo' y
ahí es cuando recibí la perla. Los ojos de la pequeña
hermana estaban muy abiertos y llenos de asombro.

Merlinda estaba contenta. —Sí. Eso es. Cada criatura en
este planeta tiene un propósito y un camino para

caminar en su vida. Sólo puedes caminar por tu propio camino. Mantén el rumbo y alcanzarás tu meta. Podemos distraernos tratando de seguir el camino de otra persona, pensando que lo tienen más fácil, o que conocen mejor. Pero cada uno de nosotros tiene que seguir nuestro propio corazón, y hacer nuestras propias decisiones. Cada uno de nosotros tiene que continuar con nuestro propio propósito, y aprender nuestras propias lecciones a lo largo del camino.

¡La hermana pequeña estaba tan feliz que saltó sobre el regazo de Merlinda y le dio un gran apretón! —¡Gracias, Merlinda!

—No hay necesidad de agradecerme, pequeña belleza. ¡Has descubierto esta perla sola, manteniéndote en tu propio camino! Melinda le dio a la pequeña hermana un suave apretón.

—¿Y la tercera perla? Hermana mayor, creo que tienes esa. Merlinda llamó a la hermana mayor.

—Sí, Merlinda. Encontré la tercera perla, y aquí está. La hermana mayor colocó la perla perfecta en la mano abierta de Merlinda, y la perla desapareció. —Está bien que la perla se haya ido, porque tengo la sabiduría que vino con ella.

—Lo tienes! —dijo Merlinda, sonriendo de alegría. — Por favor comparta con nosotros la sabiduría de la tercera perla.

—Todos estaban un poco asustados —quiero decir, yo también lo estaba. No sabíamos si no deberíamos ir más lejos en el bosque. Nunca fuimos allí antes. Y había un arroyo con agua, y todo tipo de cosas desconocidas. Pero pensé que necesitábamos ser valientes. Sabía que de alguna manera podíamos correr el riesgo y estaríamos bien - y tal vez incluso seríamos geniales con él porque habríamos aprendido algo. Así que lo dije. Lo dije: «Tenemos que ver las oportunidades, no los obstáculos.» ¡Y entonces la perla aterrizó en mi mano! ¡Justo así! La pequeña hermana estaba muy animada contando la historia.

Parece que todos son geniales, como pensabas que serías! ¡Bien por ti, hermana mayor! Merlinda explicó más. —El miedo y la incertidumbre son indudablemente distracciones para nosotros. Pueden crear obstáculos donde no los hay. Sin embargo, podemos convertir cualquier obstáculo percibido en una oportunidad. Sólo tenemos que cambiar la forma en que miramos las cosas. Tomar oportunidades, asumir un reto, superar un miedo, estirar donde nos hemos establecido límites en nosotros mismos - estas son todas las cosas que nos ayudan a aprender y crecer. Todos somos seres poderosos. Somos capaces de tanto. Sólo tenemos que seguir adelante. Así es como progresamos. A veces necesitamos movernos, a veces tenemos que pasar por eso - pero en cualquier caso, podemos tomar acción, pensar, utilizar nuestra imaginación y creatividad. La vida nos ofrece oportunidades todo el tiempo, pero no siempre las reconocemos o las tomamos.

La pequeña hermana palmeó las manos con alegría. — Voy a buscar oportunidades y voy a tomar ventaja de ellas Merlinda se unió y también palmeó las manos.

—Ahora sólo hay una perla más. ¿Hermanito? ¿La tienes? Merlinda sonrió a la ardilla más pequeña.

—Sí, Merlinda. Tengo la cuarta perla. ¡Y creo que fue el más difícil de conseguir, pero lo conseguí! —dijo con orgullo, usando sus dos manos para colocarlo en la palma de Merlinda, donde desapareció. La boca de los hermanos pequeños se abrió con asombro.

—Tienes razón, pequeño. Esta es la perla más difícil de encontrar. Pero lo hiciste, y la sabiduría es toda tuya. Por favor, cuéntanos todo el conocimiento que viene con esta perla. Merlinda agitó la mano como para presentar a su hermano pequeño a su audiencia.

—Estábamos discutiendo - sobre el diamante, o el diamante falso, o lo que sea esa cosa, vidrio, creo. Quiero decir, no podríamos decir si era real o no. Era como si estuviéramos discutiendo si era importante o no. Y supongo también si fue valioso o no. Y yo estaba pensando que no importa si es un diamante o un vidrio, es sólo una «cosa» y no va a durar para siempre. Así que para mí las cosas no son importantes. Las cosas van y vienen. Pierdo cosas todo el tiempo y está bien. Pero lo que es valioso para mí es el amor. Eso es lo que está en mi corazón. Amo tanto a mi hermano ya mis hermanas. Para mí eso es lo que es real.

—Eso es muy sabio, joven ardilla —dijo Merlinda en voz baja.

—Me lastimé la mano, y me estaban ayudando y sentí el amor. Y yo dije: «Tenemos que mirar lo que importa, y no lo que no importa» y luego conseguí la perla.

—Esa es absolutamente la verdad. —dijo Merlinda con conocimiento. —No sólo nos distraemos con las cosas de este mundo, también podemos quedar hipnotizados por ellas.

—¡Sí, lo sé! —dijo la hermana pequeña. —Se ven muy bien entonces yo los quiero! Pero entonces sólo quiero algo más tarde. ¡Y sigue así!

—Exactamente. Merlinda estaba tan orgullosa de sus jóvenes estudiantes por todo lo que habían aprendido. Es como si hubiera un velo de ilusión sobre nuestros ojos. Vemos cosas que creemos que son reales, y las queremos. Pero entonces no estamos satisfechos y queremos más, o algo más, o algo más grande, o mejor. Es una trampa en la que caemos. No podemos evitar a veces, porque es nuestra naturaleza querer progresar en esta vida.

—¡Pero el progreso no significa conseguir un montón de cosas! —dijo el hermano pequeño con entusiasmo.

—¡Tienes razón otra vez, ardilla inteligente! Merlinda

estaba encantada con su respuesta. —Tenemos que pensar en lo que realmente queremos en la vida. Y cuando viene a él, todas esas «cosas» no significan nada. No importa. No puede hacernos felices, no puede traernos las cosas que realmente queremos en la vida. Estamos mejor cuando nos esforzamos por lo que realmente importa para nosotros, y cada individuo debe decidir eso para él mismo. Puedo decirte esto: lo que nos importa cambia a medida que crecemos. Cuanto más aprendemos y crecemos, más comprendemos lo que es verdadero y bueno: amor, paz y sabiduría. Estas cosas benefician a todos de muchas maneras. Ellas nos recuerdan que nunca estamos solos, que estamos todos conectados entre sí, y que todo está bien, tal como es. Tal vez queramos hacer cambios, y eso es algo bueno. Sin embargo, lo que realmente queremos es trabajar hacia más amor, más paz y más sabiduría en cada situación.

Las cuatro pequeñas ardillas irradiaban alegría. —¿Recuerdan la pregunta que te hice antes de que salieran en tu aventura? —preguntó Merlinda.

Las ardillas asintieron vigorosamente. —¡Sí! Dijiste «quieren ser felices?» ¡Así mismo! —todos charlaban al mismo tiempo.

Merlinda dijo: —Eso es correcto. ¿Y ustedes tienen una respuesta para mí ahora?

—¡Sí! ¡La respuesta es sí! ¡Sabemos con certeza que

queremos ser felices ahora!

—No. —el gran hermano interrumpió. —Yo no quiero ser feliz.

Sus hermanos quedaron asombrados. —¿Qué? ¿Por qué? No lo entiendo.

—No quiero ser feliz, porque yo ya *soy* feliz! —el hermano-dijo con una enorme sonrisa y una carcajada.

Las ardillas abordaron a su hermano con abrazos y risas. —Es bueno no querer nada. ¡Es bueno ser feliz! —dijo entre risas. —Sí, estamos felices, también! —los demás estaban de acuerdo.

Se recogieron y abrazaron a Merlinda. —No puedo esperar a compartir las cuatro perlas con mis amigos. —dijo la hermana mayor—.¿está bien?

—¡Por supuesto! ¡Sí, querida! La sabiduría de las cuatro perlas está destinada a ser compartida. Está destinada a ser utilizada y disfrutada y pertenece a todos. ¡Por favor, comparta lo que quieras! Merlinda recibió unos pocos abrazos antes de que las ardillas se escabulleran por la puerta principal para compartir sus nuevos conocimientos con el mundo.

Merlinda estaba junto a la puerta mientras observaba cómo las ardillas se divertían en el bosque. Ella sonrió y pensó: —Hoy es un hermoso día. ¡Un día maravilloso! Y tenemos otro en su camino con el mañana. Y con eso,

Merlinda abrió la mano para revelar cuatro perlas perfectas. Levantó los brazos y lanzó las perlas por encima del bosque, donde brillaban como el brillo de sus ojos antes de derretirse en el cielo.

****

Epílogo

Merlinda continúa enseñando en el bosque, y está buscando desarrollar un curso en línea para TransformativeU.com para que pueda llegar a muchos más seres en toda la tierra. HGTV está ofreciendo su hogar del bosque en uno de sus especiales de vacaciones.

Las cuatro ardillas siguen felices, aunque todavía tienen que recordarse unas a otras de las perlas para que cada uno siga su rumbo y no se distraiga. Hermano mayor y hermana mayor están planeando seguir un mayor conocimiento y han ordenado varios libros de Amazon. La hermana pequeña ha comenzado un blog popular de «belleza interna» y tiene muchos seguidores en medios sociales. Hermano pequeño se ha metido en artesanía y está ayudando Merlinda crear una nueva línea de joyería de inspiración.

****

La primera perla

Lo que tienes.

La primera distracción

Lo que no tienes.

«Todos los poderes en el universo ya son nuestros.
Somos nosotros los que hemos puesto nuestras manos delante de nuestros ojos y clamamos que está oscuro.»

-Swami Vivekananda

El primer principio de la felicidad

Gratitud

****

La segunda perla

Lo que está haciendo.

La segunda distracción

Lo que otros están haciendo.

«A largo plazo, moldeamos nuestras vidas, y moldeamos a nosotros mismos. El proceso nunca termina hasta que muramos. Y las decisiones que tomamos son en última instancia nuestra propia responsabilidad.

-Eleanor Roosevelt

El segundo principio de la felicidad

Enfoque

****

La tercera perla

Las oportunidades

La tercera distracción

Los obstáculos.

«No puedes controlar todos los eventos que te suceden,
pero puedes decidir no ser reducido por ellos.»

-Maya Angelou

El tercer principio de la felicidad

Fortaleza

****

La Cuarta Perla

Lo que importa.

La cuarta distracción

Lo que no importa.

«Usted vaga de habitación en habitación
Caza de la collar de diamantes
¡Eso ya está en tu cuello!»

-Jalal-Uddin Rumi

El cuarto principio de la felicidad

Fe

****

Acerca del Autor

Lissa Coffey es una experta en estilo de vida y bienestar y fundadora de **CoffeyTalk.com**. Lissa es reconocida mundialmente por su filosofía «Sabiduría antigua, estilo moderno». Ella ha aparecido en el Today Show, Good Morning America, HGTV y muchos otros medios nacionales y medios de comunicación locales.

Una autora con apariciones en la lista de más vendidos, Lissa ha escrito varios libros, entre ellos el best-seller *«¿Cuál es tu Dosha, bebé? Descubre el Camino Védico para la Compatibilidad en Vida y Amor.»* Deepak Chopra dice: «Coffey trae la sabiduría atemporal de Ayurveda para un público contemporáneo y nos muestra cómo descubrir más sobre nosotros mismos y nuestras relaciones.»

Lissa es también la aclamada autora del curso en línea *The Ayurveda Experience* y tiene varios cursos en TransformativeU.com.

Lissa fue honrada con el Dharma Award de AAPNA por la «Excelencia en promover el conocimiento de Ayurveda.» Fue galardonada con un elogio por la Alcaldesa de Los Ángeles por su «Contribución sobresaliente a la comunidad de Yoga».

Siga a Lissa en los medios sociales

Facebook.com/LissaCoffeyTalk

Twitter.com/coffeytalk

Instagram.com/LissaCoffey

Más de las cuatro ardillas: **www.FourPearlsBook.com**

Otros títulos de Lissa Coffey

La colección de la sabiduría: Citas y comentarios para cultivar el autoconocimiento

Pérdida de peso y bienestar por la manera de SV Ayurveda: Acelerar su metabolismo del azúcar y grasa (coautoría con Vaidya R.K. Mishra)

Bhakti: 108 oraciones de devoción

Ananda: Descubra el camino védico a la felicidad

La dieta de equilibrio perfecto: 4 semanas a para cuerpo, mente, espíritu y espacio más ligeros

¿Cuál es tu Dharma? Descubra el camino védico para el propósito de su vida

CONCLUSIÓN y la Ley de Relaciones: Finales como nuevos comienzos

¿Cuál es tu Dosha, bebé? Descubre el camino védico para la compatibilidad en la vida y el amor

El invierno del despertar del oso Freddy

Feng Shui para cada día (libro electrónico)

Cómo llegar: Ejercicios simples para experimentar la alegría

Padres despiertos: La vida familiar como camino espiritual

Cómo llegar para adolescentes: Una guía para el éxito y la satisfacción hoy y todos los días (libro electrónico)

El manual de la familia saludable: Remedios naturales para padres e hijos (coautoría con Louise Taylor)

Agradecimientos

Gracias a todos los mentores que he tenido en mi vida hasta ahora: Louise Taylor, Vaidya Mishra, Deepak Chopra, Swami Sarvadevananda, Sue Rubin, y Diana DeFrenza. Me siento tan bendecida y afortunada que han ganado sabiduría y conocimiento de estas maravillosas personas.

¡Ray Mawst es un rayo de sol! Este talentoso artista creó la hermosa portada y el diseño interior de este libro y muchos de mis otros libros. ¡Te adoro, Ray! Más información sobre Ray y los cursos que enseña, y seguirlo en las redes sociales – toda la información en su sitio: RayMawst.com

Gracias a Eric Woolf, nuestro webmaster extraordinario. Gracias a Ofelia, Nancy, Lindsay, Corienne, Linda y Emma – mi equipo impresionante - Por todo lo que hacen para mantener la creatividad fluyendo!

Y un agradecimiento especial a mi esposo, Greg. ¡Me encanta estar en este camino de vida con usted!

Sea un Mentor

He sido una hermana mayor tres veces a través de nuestra sección local de *Big Brothers Big Sisters of America*. ¡Es una experiencia increíble! Hay tantos niños, justo en su comunidad, que necesitan mentores.

Si está interesado en convertirse en un mentor, visite el sitio web de Big Brothers Big Sisters para más información y para encontrar una sección cerca de usted:

www.bbbs.org

Ayude Wildlife

Es importante cuidar a nuestros amigos pequeñas ardillas y todos sus amigos en la naturaleza. Una organización con la que mi familia y yo hemos trabajado es el California Wildlife Center. Si desea más información sobre cómo puede ayudar, visite su sitio web:

www.cawildlife.org

¡Muchas gracias!

Con cariño,

Lissa

LAS QUATRO PERLAS Y LAS CUATRO ARDILLAS

www.ingramcontent.com/pod-product-compliance
Lightning Source LLC
Chambersburg PA
CBHW060042050426
42448CB00012B/3108